Eine Kerze
brennt für dich

Pierre Stutz

Eine Kerze brennt für dich

Licht in Tagen
schwerer Krankheit

camino.

Die Gabe der Tränen

Angesichts einer schweren, bedrohlichen Krankheit wünsche ich dir die Gabe der Tränen und der Empörung. Wenn auch die Fülle der widersprüchlichen Gefühle sein darf, dann begegnest du auch dir mit Mitgefühl. So kannst du einen angemessenen Umgang mit der Achterbahn deiner Stimmungen einüben. Keine einfache Lebenskunst: annehmen, was jetzt ist, damit es verwandelt werden kann. Wahrnehmen, was jetzt ist, und zugleich sich erinnern, immer mehr zu sein als die Wut, als die Verunsicherung, als die Angst. Die folgenden Meditationstexte möchten dir ein Wegbegleiter sein auf dieser Gratwanderung, damit auch deine eigenen Selbstheilungskräfte geweckt werden können und du mit Geduld Schritt für Schritt lernen kannst, auch mit einer schweren Krankheit zu leben und im Alltag mit ihr umzugehen.

Sprachlos

Sprachlos
unter Schock
voll von blockierter Traurigkeit

Bodenlos
im freien Fall
voll von angestauter Wut

Kleine Momente des Aufatmens
aufgehoben im Tränenmeer
gehalten in der Bodenlosigkeit

Im Land
der Verlorenheit

Eingehüllt
in einen endlosen Schmerz
angekommen
im Land der Verlorenheit

Kraftlos
bodenlos
taste ich nach Vertrauen
mitten im Nichtvertrauen

Dennoch
berührst Du mich zärtlich
lässt mich innehalten
in Deiner Geborgenheit

Schrei nach Leben

Endlich
schreien können
als Zeichen des Vertrauens

Endlich
weinen können
als Ausdruck der Stärke

Endlich
stampfen können
als Ausdruck des Mutes

Endlich
loslassen können
als Akt der Hingabe

Vertrauensmomente

Unbegreiflich
die Schreckensnachricht
meiner Erkrankung

Schlagartig
zurückgeworfen
in uralte Verlorenheit

Schreiende Sprachlosigkeit
verdunkeltes Licht
blockierter Atem

Kleine Vertrauensmomente
lösen die Erstarrung auf
geben Halt im Fallen

Zerbrechlich

Kein schmerzfreier Tag mehr
blockierte Lebendigkeit
der Zerbrechlichkeit des Daseins
völlig ausgeliefert

Ständige Abhängigkeit
umzingelt meine Freiräume
hält mich gefangen in der Angst

Manchmal
ein leises Erahnen
durch diese Erschütterung
Freiheit in Abhängigkeit
Vertrauen im Nichtvertrauen
erfahren zu können

Die Kunst des Loslassens einüben

Unsere Lebensaufgabe besteht darin, einander zum Aufblühen zu ermutigen. So kann in uns auferweckt werden, was brachliegt. Zugleich ist uns aufgetragen, einander beizustehen im Einüben des Annehmens, des Loslassens, des Sterbens. Wenn unsere Kräfte nachlassen, wenn eine unheilbare Krankheit immer größere Schmerzen verursacht, dann ist es heilsam, aus Liebe zum Leben auch über das Sterben zu sprechen. Miteinander Worte sammeln, die tragen können, nicht ein für alle Mal, sondern immer wieder neu. Miteinander das Schweigen aushalten, das in einer zärtlichen Geste gut aufgehoben ist. Sich nicht in vielen gutgemeinten Rat-Schlägen verlieren, sondern einander leise erinnern, im Sterben erwartet zu werden, weil unser ganzes Leben und Sterben ein Geburtsprozess der Liebe sein möchte.

Heilsame Erinnerung

In der Zerbrechlichkeit
sich erinnern
an Momente des Getragenseins
die für immer bleiben

In der Fragwürdigkeit
sich vergewissern
an Momente des Vertrauens
die weiter wirken

In der Verlorenheit
sich erinnern
an Hoffnungsfunken
die Kraft schenken

Ausschau halten

Was tragend ist
hält im Moment nicht
im Aushalten dieser Verunsicherung
wächst eine neue Kraft

Was nährend ist
stärkt im Moment nicht
im Durchschreiten dieser Dürre
zeigt sich ein neuer Weg

Was hoffnungsvoll ist
lässt sich im Moment nicht abrufen
im Durchwachen dieser Dunkelheit
leuchtet ein Lichtblick auf

Nur für heute

Mich nicht weiterhin
unter Druck setzen
mich liebevoll anschauen
im Annehmen des Schweren – nur für heute

Mir selber mitfühlend
mit weniger Härte begegnen
mich zumuten
in meiner Verletzlichkeit – nur für heute

Diagnosen lassen
einfach sein können
sich Gutes tun
alte Leichtigkeit spüren – nur für heute

Meine Selbstheilungskräfte
auferwecken lassen
mich herzlichst erinnern
dass es wohl auf mich ankommt
jedoch nie alleine von mir abhängt –
nur für heute

Dunkle Stunden

Vieles versucht
keine Heilung in Reichweite
sich intensiv bemüht
keine Entwarnung in Sicht

Einfach
kraftlos
enttäuscht
aufgebracht

Schmerzen ohne Ende
verdunkelt die Zuversicht
hin- und hergerissen
zwischen Kampf und Resignation
zwischen Ablehnung und Annahme

Empört
verbittert
entwurzelt
dünnhäutig

Mich anderen so zumuten
kann Erleichterung schenken
mich anderen so zeigen
kann Vertrauen fördern

Tastend nach Dir

Endlos
die Nächte
in denen alles
schreit in mir

Unerträglich
der Schmerz
der mich zermürbt
in meiner Erschöpfung

Dünnhäutig
bodenlos
aufgewühlt
taste ich nach Dir
tragender Grund
im tiefen Fall

Hingabe wagen

Vertrauen ertasten
in der Ungewissheit
der Zukunftsangst
im Jetzt ankommen

Hoffnung erkunden
in der Verunsicherung
der Unheilbarkeit
den Lebensatem spüren

Liebe erfahren
im Fließen der Tränen
im zärtlichen Zusammensein
eine Segenskraft erfahren

Hingabe wagen
in ein JA hineinwachsen
im Wechselspiel
von Zweifel und Zuversicht

Eine Kerze brennt für dich

Eine Kerze brennt für dich
als Vertrauenszeichen
begleitet zu sein
in dunklen Stunden

Eine Kerze brennt für dich
als Hoffnungszeichen
gehalten zu sein
im zermürbendem Schmerz

Eine Kerze brennt für dich
als Segenszeichen
getragen zu sein
in verzweifelten Momenten

Eine Kerze brennt für dich
als Erinnerungszeichen
verbunden zu sein
mit der göttlichen Heilungskraft

Eine Kerze brennt für dich
jeden Tag neu

Foto © Stefan Weigand

Pierre Stutz, geb. 1953, spiritueller Autor, Theologe, geistlicher Begleiter. Schreiben ist für den Schweizer Autor ein inneres Feuer. Seine Inspiration zieht er aus Begegnungen mit den Menschen, aus seinem ganz persönlichen Hoffen und Ringen, aus der christlichen Mystik und den Worten der Bibel. Pierre Stutz hat eine ausgedehnte Kurs- und Vortragstätigkeit in Deutschland, Österreich und der Schweiz und ist Autor zahlreicher Bücher zur beseelten Lebenspraxis. Die große Resonanz auf seine Veranstaltungen und Veröffentlichungen bestätigt ihn in der Überzeugung: Spiritualität ist eine kostbare Dimension des Lebens, die ermutigt, befreit und heilende Kräfte weckt.

Im Internet: www.pierrestutz.ch

Umschlagmotiv/Haupttitel: © Jasmine J/photocase.com
Bilder im Innenteil: 4/5 © petzi/photocase.com, 6/7 © Andre Goncalves/shutterstock.com, 8/9 © Helen Hotson/shutterstock.com, 10/11 © Valentin Agapov/shutterstock.com, 12/13 © Anatoli Styf/shutterstock.com, 14/15 © melis/shutterstock.com, 16/17 © Melodist/shutterstock.com, 18/19 © Kichigin/shutterstock.com, 20/21 © Pavelk/shutterstock.com, 22/23 © viletkaipa/shutterstock.com, 24/25 © Stefano Garau/shutterstock.com, 26/27 © mahey/shutterstock.com, 28/29 © Helig/photocase.com, 30/31 © Daria Minaeva/shutterstock.com, 33 © ZoranKrstic/shutterstock.com

3. Auflage 2019

Ein CAMINO-Buch aus der
© Verlag Katholisches Bibelwerk GmbH, Stuttgart 2016
Alle Rechte vorbehalten
Designschutz beantragt

Gesamtgestaltung: wunderlichundweigand
Hersteller gemäß ProdSG:
Druck und Bindung: Finidr s.r.o., Lípová 1965,
737 01 Český Těšín, Czech Republic
Verlag: Verlag Katholisches Bibelwerk GmbH,
Silberburgstraße 121, 70176 Stuttgart

ISBN 978-3-460-50018-1

In dieser Geschenkheftreihe sind von Pierre Stutz bisher erschienen:

Glücksmomente
ISBN 978-3-96157-032-4

Gehalten in zerbrechlichen Momenten
ISBN 978-3-96157-001-0

Leise getragen in deiner Trauer
ISBN 978-3-460-50007-5